SOMMAIRE

"Des Poubelles aux Richesses"

Chapitre 1 : Les Origines Humblement Enfouies
• De la Dévalorisation à l'Éveil

Dans les profondeurs des poubelles, une histoire d'objets délaissés se dessine, une histoire souvent ignorée mais riche de potentiel. Ces débuts modestes remontent à la dévalorisation, à la relégation d'objets à la fin de leur cycle de vie apparent. Cependant, dans ces espaces d'ombre, émerge une lueur d'éveil.

La Vie Cachée des Objets

Les objets jetés sont bien plus que des déchets. Ce chapitre plonge dans la vie cachée de ces articles en apparence obsolètes. Des meubles délaissés aux appareils électroniques obsolètes, chaque objet a une histoire à raconter. Nous explorons comment ces articles, autrefois essentiels, sont tombés dans l'oubli, témoins silencieux de nos habitudes de consommation effrénées.

La Perception Évolutive des Déchets

La perception des déchets a évolué au fil du temps. Autrefois considérés comme des fardeaux inutiles, les déchets ont commencé à révéler leur potentiel caché. Nous examinons les moments clés de cette transformation, des premiers mouvements écologistes aux innovations technologiques qui ont permis de voir les déchets sous un nouvel angle.

De l'Obsolescence à la Résilience

L'obsolescence programmée a longtemps dicté la durée de vie de nombreux produits, les condamnant prématurément aux poubelles. Cependant, des mouvements émergents ont défié cette norme, encourageant la réparation, le réemploi et le recyclage. Nous explorons comment la résilience a commencé à remplacer l'obsolescence, transformant la façon dont nous percevons la durabilité des objets que nous utilisons.

La Montée de la Culture du Réemploi

La culture du réemploi a pris de l'ampleur, avec des initiatives encourageant la réutilisation d'articles considérés comme obsolètes. Des entreprises aux communautés locales, de nombreuses entités participent à la création d'une culture où jeter n'est plus la norme. Ce chapitre souligne comment cette transition émerge comme un catalyseur essentiel, transformant des objets autrefois destinés aux décharges en ressources réutilisables.

Une Nouvelle Perspective sur la Richesse

En conclusion de ce chapitre, nous soulignons l'importance d'adopter une nouvelle perspective sur la richesse. Les objets retirés des poubelles, réparés, réinventés, représentent non seulement une économie de ressources, mais également une source inattendue de richesse. Ce changement de perspective nous invite à explorer les trésors cachés au sein de nos déchets, à repenser notre relation avec les objets qui nous

entourent et à considérer chaque déchet comme une opportunité en attente d'être découverte.

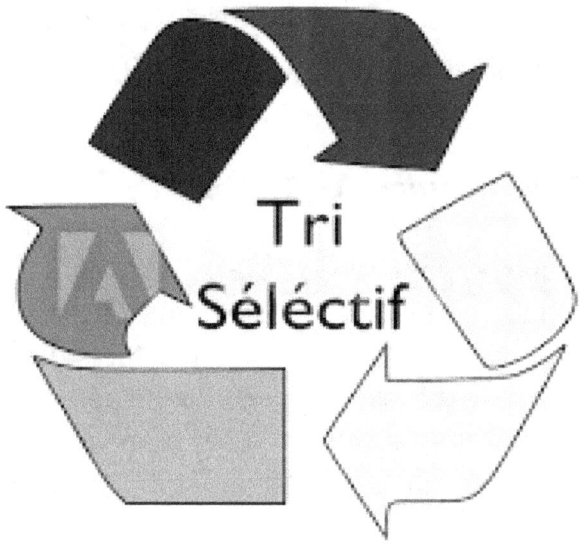

Chapitre 2 : Réimaginer le Déchet Comme Ressource

- Écologie et Créativité

Dans l'ombre des déchetteries et des sites d'enfouissement, un mouvement émergent nous invite à réimaginer le déchet comme une ressource précieuse. Ce chapitre explore la manière dont l'écologie et la créativité convergent pour transformer notre perception des déchets, les élevant d'objets indésirables à des sources inattendues de richesse.

Le Défi de la Gestion des Déchets

La croissance exponentielle de la consommation a engendré un défi mondial de gestion des déchets. Les décharges débordent, les océans sont saturés de plastique, et l'empreinte écologique de l'humanité pèse lourdement sur la planète. Face à cette crise, réimaginer le déchet comme une ressource devient impératif. Nous examinons les conséquences de l'inaction et comment cette crise a stimulé la créativité humaine pour trouver des solutions innovantes.

Économie Circulaire : Un Modèle Transformateur

Au cœur de cette ré- imagination se trouve le concept d'économie circulaire. Ce modèle transformateur défie le schéma traditionnel du prendre, fabriquer, consommer et jeter en faveur d'un cycle continu de réutilisation, de réparation et de recyclage. Nous explorons comment l'économie circulaire émerge comme une réponse pragmatique à la surconsommation et à l'épuisement des ressources.

Créativité Humaine : Transformer l'Ordinaire en Extraordinaire

La créativité humaine joue un rôle central dans cette transformation. Des designers, artisans et entrepreneurs repensent la manière dont nous considérons les déchets. Ce chapitre met en lumière des exemples inspirants de créativité, où des objets ordinaires et délaissés sont transformés en œuvres extraordinaires. Ces créations démontrent le potentiel artistique, fonctionnel et esthétique des déchets.

Le Pouvoir de la Récupération

La récupération émerge comme un moyen puissant de réimaginer le déchet. Les initiatives de collecte sélective, de tri des déchets et de récupération des matériaux permettent de canaliser ces ressources vers de nouvelles avenues. Nous explorons comment la récupération, qu'elle soit organisée par des individus, des entreprises ou des gouvernements, offre une perspective alternative sur la gestion des déchets.

Écologie Industrielle : Fusionner Économie et Écologie

L'écologie industrielle propose une approche novatrice en fusionnant les principes écologiques avec les processus industriels. Ce chapitre analyse comment cette approche réunit différentes industries pour créer des synergies, où les déchets d'une entreprise deviennent les matières premières d'une autre. Cette symbiose industrielle ouvre la voie à une utilisation plus efficace des ressources et à la réduction des déchets.

Le Paradigme du Déchet Comme Ressource dans l'Énergie

La ré-imagination du déchet s'étend également au secteur énergétique. Des déchets organiques aux déchets industriels, nous examinons comment ces ressources, autrefois considérées comme des fardeaux, sont devenues des sources d'énergie. Des initiatives telles que la valorisation énergétique transforme les déchets en biogaz, en électricité, contribuant ainsi à diversifier les sources d'énergie.

Éducation et Sensibilisation : Les Fondations du Changement

L'éducation et la sensibilisation émergent comme les fondations essentielles de ce changement de paradigme. Des programmes éducatifs qui soulignent l'importance de la gestion des déchets, de l'économie circulaire et de la créativité dans la réutilisation contribuent à créer une nouvelle génération de penseurs conscients de l'impact de leurs choix.

Défis et Perspectives de l'Avenir

En conclusion, ce chapitre examine les défis persistants et les perspectives de l'avenir. Bien que la ré-imagination du déchet comme ressource ait gagné du terrain, des obstacles subsistent, notamment des modèles économiques obsolètes et des habitudes de consommation profondément enracinées. Cependant, les initiatives actuelles offrent un aperçu prometteur d'un avenir où la créativité, l'écologie et une vision circulaire transforment notre relation avec les déchets, les élevant d'obstacles à des opportunités inattendues.

Chapitre 3 : Le Pouvoir de la Récupération
- Transformations Inspirantes

La récupération, au cœur de la gestion durable des déchets, incarne le potentiel de transformer ce qui serait autrefois considéré comme des déchets en ressources précieuses. Ce chapitre explore comment la récupération, sous toutes ses formes, émerge comme un acteur clé dans la transition vers une économie circulaire, défiant ainsi la notion traditionnelle de déchet.

La Montée du Mouvement Zéro Déchet

Le mouvement zéro déchet, porté par des individus, des communautés et des entreprises, souligne l'importance de minimiser la production de déchets à la source. Nous examinons comment cette approche proactive encourage la réduction des emballages superflus, la réutilisation des produits et la refonte des modes de consommation pour minimiser l'impact environnemental.

Le Tri Sélectif : Une Clé pour l'Optimisation des Ressources

Le tri sélectif s'impose comme un pilier essentiel de la récupération. En permettant la séparation des différents types de déchets, le tri sélectif facilite le recyclage et la récupération de matériaux spécifiques. Nous analysons comment cette pratique, adoptée à l'échelle individuelle et communautaire, contribue à maximiser l'utilisation des ressources et à réduire la quantité de déchets destinée aux sites d'enfouissement.

La Seconde Vie des Produits Électroniques

Les produits électroniques, souvent obsolètes à une époque de cycles technologiques rapides, sont un domaine où la récupération joue un rôle significatif. Nous explorons comment la réparation, la remise à neuf et le recyclage des produits électroniques contribuent à prolonger leur durée de vie utile, évitant ainsi la génération massive de déchets électroniques.

Récupération Créative : L'Art de Donner une Nouvelle Vie

La récupération créative transcende la simple réutilisation pour devenir une forme d'art. Des meubles aux œuvres d'art, des artistes, designers et artisans créent des pièces uniques à partir de matériaux récupérés. Ce chapitre met en lumière comment la créativité humaine peut transformer des objets en fin de vie en œuvres d'art, démontrant ainsi le potentiel artistique des déchets.

Les Initiatives Communautaires de Récupération

À l'échelle communautaire, la récupération devient une initiative collaborative. Des projets locaux de collecte de déchets à des programmes de récupération de matériaux de construction, les communautés s'organisent pour maximiser l'utilisation des ressources locales. Nous explorons comment ces initiatives renforcent les liens communautaires tout en contribuant à une gestion plus durable des déchets.

La Valorisation Énergétique des Déchets

La récupération s'étend également à la valorisation énergétique des déchets. Des déchets organiques aux déchets solides, ces ressources peuvent être converties en énergie, réduisant ainsi la dépendance aux combustibles fossiles. Ce chapitre examine comment la récupération énergétique transforme les déchets en une source viable d'énergie renouvelable.

Des Déchets aux Matières Premières : L'Économie Circulaire en Action

La récupération joue un rôle central dans l'économie circulaire, où les déchets deviennent les matières premières de nouvelles productions. Nous étudions comment cette approche circulaire minimise le gaspillage, encourageant la conception de produits durables et la récupération de matériaux pour créer un flux continu de ressources.

Défis de la Récupération à Grande Échelle

Malgré les avantages évidents de la récupération, des défis subsistent à grande échelle. Des systèmes de collecte inadéquats aux infrastructures de recyclage limitées, ce chapitre explore les obstacles qui entravent une mise en œuvre efficace de la récupération à l'échelle mondiale.

Perspectives Futures : La Récupération Comme Norme

En conclusion, nous projetons des perspectives futures où la récupération devient la norme plutôt que l'exception.

L'engagement individuel, les initiatives communautaires et les politiques gouvernementales peuvent converger pour faire de la récupération une pratique intégrée à notre mode de vie quotidien, transformant ainsi notre relation avec les déchets et les positionnant comme des ressources à valoriser plutôt qu'à éliminer.

Chapitre 4 : L'Émergence de l'Économie Circulaire

- Un Modèle pour l'Avenir

Au cœur du défi mondial de gestion des déchets et de l'épuisement des ressources, l'économie circulaire émerge comme un modèle transformateur, offrant une alternative novatrice à l'approche linéaire traditionnelle de prendre, fabriquer, consommer et jeter. Ce chapitre explore comment l'économie circulaire, en réimaginant la manière dont nous produisons et consommons, ouvre la voie à un avenir plus durable.

Les Limites de l'Économie Linéaire

L'économie linéaire, fondée sur l'idée de consommer des ressources pour produire des biens qui finiront ultimement en déchets, atteint ses limites. Ce chapitre examine les défis posés par cette approche, notamment la surproduction, la surconsommation et l'accumulation de déchets, mettant en évidence la nécessité de repenser notre manière de gérer les ressources.

Principes Fondamentaux de l'Économie Circulaire

Au cœur de l'économie circulaire se trouvent des principes fondamentaux qui redéfinissent la relation entre la production, la consommation et la gestion des déchets. Nous explorons ces principes, tels que la conception en boucle fermée, la prolongation de la durée de vie des produits, la réutilisation, la réparation et le recyclage, soulignant comment ils contribuent à minimiser le gaspillage et à maximiser l'utilisation des ressources.

La Conception en Boucle Fermée : Rendre les Produits Infiniment Recyclables

La conception en boucle fermée est un pilier de l'économie circulaire, encourageant la conception de produits qui peuvent être démontés, réparés et recyclés à la fin de leur vie utile. Nous examinons comment cette approche stimule l'innovation dans la conception des produits, réduisant ainsi l'impact environnemental et contribuant à créer un cycle de vie continu.

La Prolongation de la Durée de Vie des Produits

Une autre facette cruciale de l'économie circulaire est la prolongation de la durée de vie des produits. Nous analysons comment des initiatives telles que la réparation, la remise à neuf et la location peuvent contribuer à retarder l'obsolescence des produits, réduisant ainsi la nécessité constante de produire de nouveaux biens.

La Réutilisation : Donner une Nouvelle Vie aux Objets

La réutilisation, en tant que composante essentielle de l'économie circulaire, transcende le simple recyclage. Ce chapitre met en lumière comment la réutilisation, qu'il s'agisse de biens de consommation, de matériaux de construction ou d'autres articles, peut générer une valeur supplémentaire en évitant la transformation complète en déchets.

La Réparation : Une Nouvelle Approche envers l'Obsolescence

Face à l'obsolescence programmée, la réparation gagne du terrain en tant qu'alternative durable. Nous explorons comment la promotion de la réparation, tant au niveau individuel qu'industriel, contribue à réduire la quantité de déchets électroniques et électroménagers, tout en renforçant la durabilité des produits.

Le Recyclage : Transformer les Déchets en Ressources

Le recyclage demeure un acteur clé de l'économie circulaire. Nous étudions comment les avancées dans les technologies de recyclage et la sensibilisation accrue contribuent à accroître l'efficacité du recyclage, transformant ainsi les déchets en matières premières précieuses pour de nouveaux produits.

Des Modèles Économiques Innovants

L'émergence de l'économie circulaire stimule également des modèles économiques innovants. Des entreprises adoptent des approches telles que la location, la consigne, la vente de services plutôt que de produits, contribuant ainsi à créer des systèmes économiques plus durables et axés sur la performance.

Défis de l'Adoption Généralisée de l'Économie Circulaire

Malgré ses avantages évidents, l'adoption généralisée de l'économie circulaire rencontre des défis. Des changements dans les mentalités individuelles aux ajustements nécessaires dans les chaînes d'approvisionnement mondiales, ce chapitre explore les obstacles qui doivent être surmontés pour faire de l'économie circulaire la norme.

Perspectives Futures : Vers un Avenir Circulaire

En conclusion, ce chapitre projette des perspectives futures où l'économie circulaire devient la norme plutôt que l'exception. Nous soulignons l'importance de l'engagement collectif, des politiques gouvernementales favorables et de l'innovation continue pour catalyser cette transition vers un modèle économique plus durable, créant ainsi un avenir où la production, la consommation et la gestion des déchets convergent vers une circularité bénéfique pour la planète.

Chapitre 5 : l'Objet Rejeté à l'Œuvre d'Art
- Artisanat et Création

Dans l'ombre des déchetteries et des sites d'enfouissement, une transformation artistique se produit, où des objets autrefois rejetés émergent sous un nouvel éclat. Ce chapitre explore comment l'objet rejeté devient la toile d'artistes et d'artisans créatifs, transcendant sa nature initiale pour devenir une œuvre d'art pleine de signification et de beauté.

La Métamorphose Artistique des Objets Délaissés

L'artisanat et la création artistique offrent une voie inattendue pour les objets délaissés. Des meubles usagés aux débris industriels, les artistes transforment ces matériaux en œuvres captivantes. Nous explorons comment cette métamorphose artistique transcende la fonctionnalité initiale des objets, les dotant d'une nouvelle signification et d'une esthétique surprenante.

Le Message Artistique de la Durabilité

Au-delà de l'esthétique, les œuvres d'art créées à partir d'objets rejetés portent souvent un message profond de durabilité. Les artistes utilisent leur créativité pour sensibiliser au gaspillage, à la surconsommation et à l'importance de repenser notre relation avec les objets. Ce chapitre explore comment l'art devient une plateforme puissante pour promouvoir la durabilité et la réflexion critique.

Le Mouvement de l'Upcycling(surcyclage)

L'upcycling, ou surcyclage, émerge comme un mouvement clé dans cette transformation artistique des objets rejetés. Contrairement au recyclage traditionnel, qui transforme les matériaux en produits de valeur équivalente ou inférieure, l'upcycling vise à créer des produits de valeur supérieure. Des sacs fabriqués à partir de bannières publicitaires aux bijoux créés à partir de pièces de machines obsolètes, nous examinons comment cette approche redéfinit la manière dont nous percevons la valeur des objets.

Le Dialogue Entre Ancien et Moderne

Les artistes qui travaillent avec des objets rejetés explorent souvent le dialogue entre l'ancien et le moderne. Les objets antiques retrouvent une nouvelle vie aux côtés de composants modernes, créant des œuvres qui racontent des histoires de différentes époques. Ce chapitre met en lumière comment cette fusion crée des œuvres d'art uniques, célébrant la diversité des matériaux utilisés.

L'Art Collaboratif et Communautaire

Au sein de communautés, l'art collaboratif émerge comme une force puissante. Des projets artistiques impliquant la participation de la communauté transforme des espaces publics, créant des installations artistiques à partir d'objets récupérés localement. Nous explorons comment ces initiatives renforcent le tissu social tout en contribuant à une esthétique publique unique.

Des Œuvres Monumentales aux Pièces Intimes

L'utilisation d'objets rejetés s'étend du domaine monumental au plus intime. Des sculptures monumentales créées à partir de pièces de voiture abandonnées aux bijoux délicats fabriqués à partir de débris électroniques, ce chapitre examine comment les artistes naviguent à travers différentes échelles pour exprimer leur créativité.

Les Défis de la Conservation des Œuvres Éphémères

Cependant, la création artistique à partir d'objets rejetés n'est pas sans défis. Les œuvres éphémères, exposées aux intempéries et à la dégradation, soulèvent des questions sur la conservation de l'art créé à partir de matériaux récupérés. Nous examinons ces défis et les approches innovantes pour préserver ces créations uniques.

La Réception Publique et la Redéfinition de la Beauté

En explorant la réception publique de l'art créé à partir d'objets rejetés, nous constatons une redéfinition de la beauté. Les spectateurs apprécient non seulement l'esthétique visuelle, mais aussi le contexte écologique et social de ces œuvres. Ce chapitre analyse comment cette redéfinition contribue à élargir notre compréhension de la beauté artistique.

Perspectives Futures : L'Art comme Agent de Changement

En conclusion, ce chapitre projette des perspectives futures où l'art continue d'être un agent de changement social. La créativité humaine, transformant des objets rejetés en œuvres d'art, offre une voie stimulante pour aborder les défis de la surconsommation, tout en inspirant une nouvelle appréciation de la durabilité et de la beauté dans le quotidien.

Chapitre 6 : Le Tri Sélectif : Clé de l'Optimisation des Ressources

- Gestion Responsable des Déchets

Le tri sélectif, pilier de la gestion responsable des déchets, émerge comme une clé essentielle pour optimiser l'utilisation des ressources et réduire l'impact environnemental. Ce chapitre explore comment le tri sélectif, à la fois à l'échelle individuelle et communautaire, devient un instrument puissant pour repenser notre relation avec les déchets et promouvoir une économie circulaire.

La Transition vers une Gestion Circulaire

Le tri sélectif marque une transition significative vers une gestion circulaire des déchets. En permettant la séparation des matériaux recyclables, compostables et non recyclables, il crée les conditions nécessaires pour maximiser l'utilisation des ressources. Nous examinons comment cette approche contribue à dépasser le modèle linéaire de consommation et de rejet, en faveur d'une circularité bénéfique pour la planète.

Éducation et Sensibilisation : La Clé de l'Adoption du Tri Sélectif

Le succès du tri sélectif dépend en grande partie de l'éducation et de la sensibilisation. Ce chapitre explore comment les campagnes éducatives et les programmes de sensibilisation influent sur la compréhension publique des avantages du tri sélectif. En comprenant l'impact positif de leurs choix, les individus sont plus enclins à adopter des pratiques de tri sélectif dans leur vie quotidienne.

Les Différentes Catégories de Tri

Le tri sélectif ne se limite pas à la simple séparation du plastique, du verre et du papier. Nous examinons les différentes catégories de tri, telles que le tri des déchets électroniques, des déchets organiques et des déchets dangereux. Chacune de ces catégories nécessite une approche spécifique pour maximiser le recyclage et la récupération des matériaux.

La Technologie au Service du Tri

Les avancées technologiques contribuent également à optimiser le tri sélectif. Des systèmes automatisés aux innovations dans la collecte et le tri, ce chapitre analyse comment la technologie devient un allié précieux dans l'amélioration de l'efficacité des installations de tri, augmentant ainsi la quantité de matériaux récupérés.

Le Tri Sélectif à l'Échelle Mondiale

Le tri sélectif n'est pas seulement une pratique locale. À l'échelle mondiale, des pays mettent en œuvre des politiques de tri sélectif pour réduire leur empreinte carbone et optimiser l'utilisation des ressources. Nous examinons des exemples de succès et les leçons tirées des initiatives de tri sélectif à l'échelle mondiale.

La Valorisation des Déchets Recyclables

Le tri sélectif ne se limite pas à la séparation, mais s'étend également à la valorisation des déchets recyclables. Nous explorons comment ces matériaux, une fois triés, peuvent être transformés en matières premières pour la fabrication de nouveaux produits, contribuant ainsi à une économie circulaire.

Le Tri Sélectif Comme Mode de Vie

Le tri sélectif évolue progressivement pour devenir un mode de vie plutôt qu'une simple pratique. Des initiatives telles que le "zéro déchet" et le minimalisme encouragent une consommation plus réfléchie et le tri sélectif en tant que composante essentielle de ce mode de vie durable. Ce chapitre examine comment ces mouvements influent sur la perception collective des déchets.

Défis et Solutions pour une Adoption Généralisée

Malgré ses avantages, le tri sélectif rencontre des défis tels que la contamination des matériaux recyclables et la nécessité d'infrastructures de tri plus avancées. Nous explorons ces défis et les solutions potentielles, y compris l'innovation technologique et les programmes de sensibilisation renforcés.

Perspectives Futures : Le Tri Sélectif Comme Norme

En conclusion, ce chapitre projette des perspectives futures où le tri sélectif devient la norme plutôt que l'exception. L'adoption généralisée de cette pratique dépendra de l'engagement continu des individus, des gouvernements et des entreprises pour promouvoir une gestion des déchets plus durable, maximisant ainsi l'utilisation des ressources et minimisant l'impact environnemental.

Chapitre 7 : La Deuxième Vie des Produits Électroniques

- Réparation, Réutilisation, Recyclage

À l'ère de l'obsolescence programmée, la perspective de prolonger le cycle de vie des produits électroniques devient essentielle pour réduire les déchets électroniques. Ce chapitre explore comment la donnée une deuxième vie aux produits électroniques, par le biais de la réparation, de la remise à neuf et du recyclage, peut atténuer l'impact environnemental tout en maximisant l'utilisation des ressources.

La Réparation comme Acte de Durabilité

La réparation émerge comme un acte de durabilité dans le domaine des produits électroniques. Des smartphones aux appareils électroménagers, les initiatives de réparation permettent de prolonger la durée de vie de ces produits. Nous examinons comment la réparation devient un moyen concret de lutter contre l'obsolescence prématurée et de promouvoir une consommation plus responsable.

Les Communautés de Réparation

Au sein de communautés, des groupes de réparation voient le jour, créant des espaces où les compétences de réparation sont partagées et mises en pratique. Ce chapitre explore comment ces communautés encouragent la collaboration, la résilience et renforcent les liens sociaux, tout en réduisant la dépendance à l'égard de produits électroniques jetables.

La Remise à Neuf : Transformer l'Ancien en Nouveau

La remise à neuf offre une autre avenue pour donner une seconde vie aux produits électroniques. Des ordinateurs portables aux appareils photo, la remise à neuf permet de restaurer ces produits dans un état de fonctionnement optimal. Nous examinons comment cette approche transforme l'ancien en nouveau, offrant aux consommateurs des alternatives économiques et durables.

Le Recyclage des Produits Électroniques

Le recyclage des produits électroniques devient une étape cruciale pour éviter que ces objets ne deviennent des déchets électroniques. Ce chapitre analyse comment les technologies de recyclage évoluent pour gérer les composants complexes des produits électroniques, contribuant ainsi à la récupération de métaux précieux et à la réduction de l'impact environnemental.

Le Marché de l'Occasion Électronique

Le marché de l'occasion électronique se développe à mesure que les consommateurs recherchent des alternatives durables. Des plateformes de revente aux magasins spécialisés, nous explorons comment le marché de l'occasion offre non seulement des produits à moindre coût, mais aussi une option écologique en prolongeant la durée de vie des produits électroniques.

Les Défis de la Réparation et de la Remise à Neuf

Cependant, la réparation et la remise à neuf sont confrontées à des défis, tels que l'accessibilité aux pièces de rechange et la complexité croissante des dispositifs électroniques. Nous analysons ces défis et comment des initiatives telles que la conception modulaire peuvent faciliter la réparation et prolonger la durée de vie des produits électroniques.

L'Éducation des Consommateurs

L'éducation des consommateurs joue un rôle clé dans la promotion de la deuxième vie des produits électroniques. Ce chapitre explore comment les campagnes de sensibilisation peuvent informer les consommateurs sur les avantages de la réparation, de la remise à neuf et du recyclage, encourageant ainsi des choix plus durables dans leurs habitudes d'achat.

La Responsabilité des Fabricants

Les fabricants ont également un rôle important à jouer dans la promotion de la deuxième vie des produits électroniques. Des pratiques de conception favorables à la réparation aux programmes de recyclage des produits en fin de vie, nous examinons comment la responsabilité des fabricants peut contribuer à une gestion plus durable des produits électroniques.

Perspectives Futures : Une Industrie Électronique Durable

En conclusion, ce chapitre projette des perspectives futures où l'industrie électronique adopte des pratiques plus durables. La deuxième vie des produits électroniques devient une norme, soutenue par des consommateurs informés, des communautés de réparation dynamiques et une responsabilité accrue des fabricants. Dans cet avenir, la durabilité et l'efficacité guideront l'ensemble du cycle de vie des produits électroniques, minimisant ainsi les déchets électroniques et préservant les ressources précieuses de notre planète.

Chapitre 8 : Des Déchets Alimentaires aux Énergies Renouvelables

- La Valorisation dans l'Industrie Énergétique

La conversion des déchets alimentaires en énergies renouvelables représente une stratégie novatrice pour optimiser l'utilisation des ressources tout en atténuant l'impact environnemental. Ce chapitre explore comment cette transformation offre une solution double : la réduction du gaspillage alimentaire et la production d'énergie renouvelable.

Le Gaspillage Alimentaire : Un Problème Mondial

Le gaspillage alimentaire, à toutes les étapes de la chaîne alimentaire, représente un problème mondial majeur. Ce chapitre examine les causes profondes du gaspillage alimentaire et comment la valorisation énergétique peut contribuer à minimiser cet impact négatif sur l'environnement.

La Biométhanisation : Transformer les Déchets en Gaz

La biométhanisation émerge comme une méthode efficace pour convertir les déchets alimentaires en énergie. Nous explorons comment ce processus biologique décompose la matière organique des déchets alimentaires pour produire du biogaz, une source d'énergie renouvelable pouvant être utilisée pour la production d'électricité et de chaleur.

Les Avantages de la Valorisation Énergétique

La valorisation énergétique des déchets alimentaires présente plusieurs avantages. En plus de produire de l'énergie renouvelable, elle réduit la nécessité d'enfouir les déchets, limitant ainsi les émissions de gaz à effet de serre. Ce chapitre analyse comment cette approche contribue à une gestion plus durable des déchets alimentaires.

Le Digestat : Un Produit Secondaire Utile

Le digestat, sous-produit de la biométhanisation, offre un engrais organique riche en nutriments. Nous examinons comment cette substance peut être utilisée de manière bénéfique dans l'agriculture, créant ainsi un cycle fermé où les nutriments sont réintroduits dans le sol.

La Digestion Anaérobie : Un Processus Clef

La digestion anaérobie, processus central de la biométhanisation, est explorée en détail. Nous analysons comment ce processus microbiologique décompose les déchets alimentaires dans des conditions sans oxygène, libérant du biogaz et réduisant simultanément la quantité de déchets à éliminer.

Les Initiatives Locales de Valorisation Énergétique

Des initiatives locales mettent en œuvre avec succès la valorisation énergétique des déchets alimentaires. Ce chapitre examine des exemples concrets, allant des installations de biométhanisation communautaires aux programmes de collecte de déchets alimentaires pour la production d'énergie.

Les Défis de la Valorisation Énergétique

Malgré ses avantages, la valorisation énergétique des déchets alimentaires rencontre des défis. Des questions de coût à la logistique de la collecte des déchets alimentaires, ce chapitre explore les obstacles à surmonter pour une mise en œuvre plus large de cette stratégie.

La Sensibilisation et l'Éducation Publique

La sensibilisation et l'éducation jouent un rôle crucial dans la réussite de la valorisation énergétique des déchets alimentaires. Nous analysons comment les campagnes éducatives peuvent informer le public sur l'importance de réduire le gaspillage alimentaire tout en favorisant la valorisation énergétique comme solution viable.

Perspectives Futures : Une Source Durable d'Énergie

En conclusion, ce chapitre projette des perspectives futures où la valorisation énergétique des déchets alimentaires devient une source durable d'énergie renouvelable à l'échelle mondiale. L'innovation technologique, la collaboration entre les secteurs public et privé, et l'engagement du public peuvent catalyser cette transition vers une gestion plus responsable des déchets alimentaires, contribuant ainsi à un avenir énergétique plus durable.

Chapitre 9 : Recycling : Transformer l'Ordinaire en Extraordinaire

- Design Innovant et Durabilité

La transformation de l'ordinaire en extraordinaire émerge comme une quête universelle pour trouver la beauté dans le quotidien. Ce chapitre explore comment cette approche transcende les aspects matériels de la vie, en favorisant une perspective qui magnifie les moments simples et les objets du quotidien.

La Puissance de la Perception

La transformation de l'ordinaire commence par la perception. Nous examinons comment le changement de perspective peut métamorphoser des situations apparemment banales en expériences exceptionnelles. De la contemplation des détails aux moments d'émerveillement, ce chapitre explore la puissance de la perception pour transformer la réalité.

La Créativité Comme Catalyseur

La créativité devient le catalyseur qui transforme l'ordinaire en extraordinaire. Que ce soit à travers les arts, la musique, l'écriture ou d'autres formes d'expression, nous analysons comment la créativité éveille des dimensions inattendues dans la vie quotidienne, offrant des perspectives nouvelles et enrichissantes.

L'Art de la Simplicité

La simplicité devient une toile sur laquelle la beauté de l'ordinaire peut s'exprimer. Ce chapitre explore comment l'art de la simplicité, que ce soit dans la décoration intérieure, la cuisine, ou même dans les interactions sociales, permet de découvrir des joyaux cachés dans les moments et les objets du quotidien.

La Routine Comme Rituel Transformateur

Les routines, souvent considérées comme monotones, peuvent devenir des rituels transformateurs. Nous examinons comment l'incorporation de petits rituels dans la routine quotidienne peut apporter une profondeur et une signification supplémentaires, transformant ainsi des moments ordinaires en expériences mémorables.

La Pratique de la Pleine Conscience

La pleine conscience émerge comme une pratique clé pour transformer l'ordinaire en extraordinaire. Ce chapitre explore comment la pleine conscience permet de s'immerger pleinement dans le présent, de redécouvrir la magie dans les petites choses et de créer une connexion plus profonde avec la réalité.

La Valorisation des Petits Bonheurs

Apprécier les petits bonheurs devient une habitude puissante pour transformer l'ordinaire en extraordinaire. Nous analysons comment la valorisation des moments simples, tels qu'un coucher de soleil, une tasse de café ou une conversation légère, peut apporter une joie inattendue et une satisfaction profonde.

Les Rencontres Fortuites et les Connexions Humaines

Les rencontres fortuites et les connexions humaines offrent des opportunités uniques de transcender l'ordinaire. Ce chapitre explore comment des rencontres imprévues, que ce soit avec des inconnus dans un café ou des voisins dans la rue, peuvent enrichir la vie quotidienne et créer des expériences extraordinaires.

La Beauté de l'Imperfection

La recherche de la perfection peut parfois masquer la beauté de l'imperfection. Nous examinons comment embrasser les aspects imparfaits de la vie, des objets et des relations peut ajouter une profondeur et une authenticité qui transforment l'ordinaire en extraordinaire.

Perspectives Futures : Cultiver une Vie Riche en Signification

En conclusion, ce chapitre projette des perspectives futures où la transformation de l'ordinaire en extraordinaire devient une pratique culturelle. En cultivant une vie riche en signification, en appréciant les petits détails et en embrassant la créativité, les individus peuvent continuer à découvrir la beauté dans chaque instant et à transformer leur quotidien en une aventure extraordinaire.

Chapitre 10 : Les Communautés Zéro Déchet
Pratiques Inspirantes à l'Échelle Local

Les communautés zéro déchet, pionnières d'une vie plus durable, ont émergé comme des laboratoires d'idées et de pratiques écologiques. Ce chapitre explore comment ces communautés, en réduisant considérablement leur production de déchets, inspirent des changements significatifs dans les habitudes de consommation et contribuent à la création d'un mode de vie plus respectueux de l'environnement.

Les Principes Fondamentaux du Zéro Déchet

Au cœur du mouvement zéro déchet se trouvent des principes fondamentaux tels que la réduction, le réemploi, le recyclage et la comptabilité. Nous analysons comment l'application de ces principes guide les membres des communautés zéro déchet vers des choix plus durables et une minimisation radicale des déchets.

L'Éducation et la Sensibilisation

Les communautés zéro déchet jouent un rôle crucial dans l'éducation et la sensibilisation. Ce chapitre explore comment ces communautés utilisent des ateliers, des événements communautaires et les médias sociaux pour partager leurs connaissances, inspirer d'autres personnes et catalyser un changement plus large vers un mode de vie sans déchet.

Les Défis de la Transition Zéro Déchet

Cependant, la transition vers un mode de vie zéro déchet n'est pas sans défis. Des questions logistiques aux défis culturels, nous examinons comment les communautés zéro déchet abordent ces obstacles et développent des solutions pratiques pour encourager la participation.

Les Initiatives Collaboratives

Les initiatives collaboratives au sein des communautés zéro déchet sont à l'avant-garde de l'effort pour réduire les déchets. Des programmes de recyclage communautaires aux jardins partagés et aux projets d'économie circulaire, nous analysons comment ces efforts collectifs renforcent le tissu social et contribuent à la durabilité environnementale.

Les Entreprises Zéro Déchet

Des entreprises zéro déchet émergent pour répondre à la demande croissante de produits et de services respectueux de l'environnement. Ce chapitre explore comment ces entreprises intègrent les principes zéro déchet dans leur modèle commercial, offrant ainsi des alternatives durables aux consommateurs.

Les Succès et les Réalisations

En examinant les succès et les réalisations des communautés zéro déchet, nous constatons comment des villes entières peuvent atteindre des objectifs impressionnants de réduction des déchets. Des programmes de compostage à grande échelle aux initiatives de réduction des emballages, ces réussites démontrent le potentiel du mouvement zéro déchet.

La Dimension Sociale du Zéro Déchet

Outre son impact environnemental, le mouvement zéro déchet a une dimension sociale importante. Nous explorons comment les communautés zéro déchet favorisent la collaboration, la solidarité et la création de liens sociaux plus forts au sein de la population.

La Reproductibilité à Grande Échelle

En conclusion, ce chapitre projette des perspectives futures où les principes du zéro déchet deviennent plus largement adoptés à l'échelle mondiale. En favorisant la reproductibilité à grande échelle, le mouvement zéro déchet pourrait influencer les politiques publiques, les entreprises et les comportements individuels, contribuant ainsi à créer une société plus durable et résiliente

Chapitre 11 : La révolution des Matériaux Durables

- Alternatives Écologiques

La révolution des matériaux durables s'impose comme une réponse cruciale à la crise environnementale mondiale. Ce chapitre explore comment l'évolution des matériaux, des emballages aux produits de consommation, peut jouer un rôle central dans la transition vers une économie plus durable et respectueuse de l'environnement.

La Crise des Matériaux Traditionnels

Les matériaux traditionnels, tels que le plastique à usage unique, ont engendré une crise environnementale majeure. Ce chapitre analyse les impacts négatifs de ces matériaux sur les écosystèmes, la santé humaine et le climat, soulignant la nécessité urgente de repenser notre utilisation des matériaux dans tous les secteurs.

Les Principes des Matériaux Durables

Les matériaux durables reposent sur des principes fondamentaux tels que la recyclabilité, le compostage, la réduction de l'empreinte carbone et l'utilisation de matières premières renouvelables. Nous explorons comment ces principes guident la conception de nouveaux matériaux et la transformation de l'industrie vers des pratiques plus durables.

L'Émergence de Matériaux Alternatifs

L'émergence de matériaux alternatifs ouvre de nouvelles perspectives pour l'innovation durable. Des bioplastiques aux matériaux composites biosourcés, ce chapitre examine comment ces alternatives émergentes offrent des solutions viables pour réduire la dépendance aux matériaux traditionnels non durables.

Les Avancées Technologiques dans les Matériaux

Les avancées technologiques jouent un rôle clé dans la révolution des matériaux durables. Des matériaux intelligents capables de s'adapter à l'environnement aux innovations dans la production durable, nous analysons comment la technologie façonne l'avenir des matériaux et de la durabilité.

Les Défis de la Transition

La transition vers des matériaux durables n'est pas sans défis. Des coûts de production aux résistances du marché, ce chapitre explore les obstacles qui entravent la pleine adoption de matériaux durables et examine les solutions possibles pour surmonter ces défis.

Les Initiatives des Entreprises

Des entreprises du monde entier adoptent des matériaux durables dans leurs produits et emballages. Nous analysons comment ces initiatives, allant des marques de vêtements aux entreprises technologiques, façonnent les choix des consommateurs et influencent les normes de l'industrie.

L'Éducation des Consommateurs

L'éducation des consommateurs joue un rôle clé dans la réussite de la révolution des matériaux durables. Ce chapitre explore comment les campagnes de sensibilisation informent les consommateurs sur les avantages des matériaux durables, les encourageant ainsi à faire des choix plus responsables dans leurs achats.

Les Impacts Environnementaux Positifs

En examinant les impacts environnementaux positifs des matériaux durables, nous constatons comment ils contribuent à la réduction des déchets, à la préservation des ressources naturelles et à la limitation des émissions de gaz à effet de serre. Ces bénéfices démontrent le potentiel de la révolution des matériaux durables pour créer un impact significatif.

Perspectives Futures : La Généralisation des Matériaux Durables

En conclusion, ce chapitre projette des perspectives futures où les matériaux durables deviennent la norme plutôt que l'exception. La généralisation de ces matériaux, soutenue par l'innovation continue, la réglementation favorable et la demande croissante des consommateurs, pourrait transformer fondamentalement la manière dont nous concevons, produisons et consommons des produits, créant ainsi un avenir plus durable et équilibré

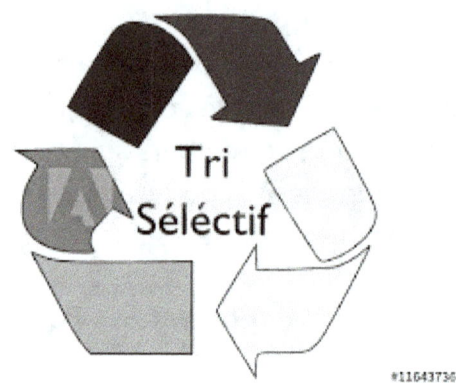

Chapitre 12 : Des Vêtements Jetés à la Mode Éthique

- L'Industrie de la Mode en Pleine Transformation

La fast fashion a engendré une crise de surconsommation, conduisant à des tonnes de vêtements jetés chaque année. Ce chapitre explore comment la transition de la mode jetable à une mode éthique devient impérative pour réduire l'impact environnemental, promouvoir des pratiques équitables et encourager une consommation plus consciente.

Les Impacts Négatifs de la Fast Fashion

La fast fashion génère des déchets massifs, exploite les ressources naturelles de manière non durable et contribue aux conditions de travail précaires. Nous examinons comment ces impacts négatifs ont conduit à une prise de conscience croissante quant à la nécessité d'adopter une approche plus éthique dans l'industrie de la mode.

La Mode Circulaire et l'Upcycling

La mode circulaire émerge comme une alternative qui valorise la durabilité. Ce chapitre analyse comment les pratiques telles que l'upcycling, où des vêtements usagés sont transformés en pièces à la mode, permettent de prolonger la durée de vie des vêtements et de réduire la dépendance aux nouvelles productions.

Les Matériaux Durables dans la Mode

L'utilisation de matériaux durables, tels que le coton biologique, le Tencel et le polyester recyclé, devient une tendance croissante dans la mode éthique. Nous explorons comment ces matériaux réduisent l'empreinte environnementale de l'industrie textile tout en répondant à la demande croissante des consommateurs pour des choix plus durables.

La Transparence dans la Chaîne d'Approvisionnement

La transparence devient un principe clé de la mode éthique. Ce chapitre examine comment la divulgation des pratiques de fabrication, des conditions de travail et des impacts environnementaux permet aux consommateurs de faire des choix éclairés, favorisant ainsi une industrie plus éthique.

Les Marques Éthiques et l'Économie Sociale

Des marques éthiques émergent, mettant en avant des pratiques équitables et des modèles économiques socialement responsables. Nous analysons comment ces marques intègrent l'économie sociale, créant des emplois équitables et soutenant les communautés locales.

Le Mouvement Slow Fashion

Le mouvement slow fashion s'oppose à la fast fashion en faveur d'une approche plus réfléchie et durable. Ce chapitre explore comment cette transition vers une mode plus lente encourage la qualité, la durabilité et une appréciation renouvelée des vêtements.

L'Éducation des Consommateurs dans la Mode Éthique

L'éducation des consommateurs joue un rôle crucial dans la promotion de la mode éthique. Nous examinons comment les campagnes de sensibilisation, les documentaires et les médias sociaux éduquent les consommateurs sur les implications de leurs choix vestimentaires, les encourageant à privilégier la mode éthique.

Les Défis de la Transition

La transition vers une mode éthique n'est pas sans défis. Des coûts de production aux attentes du marché, ce chapitre explore les obstacles qui entravent la pleine adoption de pratiques éthiques dans l'industrie de la mode et examine les solutions possibles pour surmonter ces défis.

Perspectives Futures : La Main-d'œuvre Qualifiée et l'Innovation

En conclusion, ce chapitre projette des perspectives futures où la mode éthique devient la norme. La formation de main-d'œuvre qualifiée, l'innovation continue dans les matériaux durables et l'engagement accru des consommateurs pourraient transformer l'industrie de la mode, créant ainsi un équilibre entre esthétique, éthique et durabilité.

Chapitre 13 : Le Marché de l'Occasion et l'Économie Collaborative

- Consommation Responsable

Le marché de l'occasion connaît une ascension rapide, devenant un pilier de l'économie collaborative. Ce chapitre explore comment cette évolution, centrée sur la réutilisation, la vente d'occasion et l'échange, transforme les habitudes de consommation et favorise une approche plus durable.

Les Fondements de l'Économie Collaborative

L'économie collaborative repose sur le partage des ressources, la réduction des déchets et la maximisation de l'utilisation des produits. Nous analysons comment cette approche innovante favorise la durabilité en encourageant la réutilisation, la location et l'achat de seconde main.

Les Plates-formes d'Échange et de Vente d'Occasion

Des plateformes en ligne telles que Vinted, Leboncoin et Depop ont émergé comme des acteurs majeurs du marché de l'occasion. Ce chapitre explore comment ces plateformes facilitent la vente, l'échange et l'achat de produits d'occasion, créant ainsi une économie dynamique et circulaire.

La Durabilité dans la Consommation

La consommation d'occasion s'aligne sur des valeurs de durabilité. Nous examinons comment cette tendance change la perception de la possession, encourageant les consommateurs à opter pour des articles déjà existants plutôt que de contribuer à la production de nouveaux biens.

La Redéfinition du Luxe

Le marché de l'occasion redéfinit également la notion de luxe. Ce chapitre analyse comment la recherche d'articles de seconde main de qualité devient une alternative prisée, offrant une esthétique unique, une histoire et une durabilité par rapport aux produits de luxe neufs.

La Location de Biens

La location de biens, des vêtements aux équipements électroniques, gagne en popularité. Nous explorons comment cette pratique permet d'accéder à des produits sans nécessairement les posséder, réduisant ainsi la pression sur la production et la consommation.

Les Avantages Économiques de l'Occasion

Outre ses avantages environnementaux, le marché de l'occasion offre des avantages économiques significatifs. Ce chapitre examine comment l'achat d'occasion peut être plus abordable pour les consommateurs tout en fournissant une source de revenus pour les vendeurs, stimulant ainsi l'économie collaborative.

Les Défis du Marché de l'Occasion

Cependant, le marché de l'occasion n'est pas sans défis. Des questions de confiance à la qualité des produits, ce chapitre explore les obstacles qui peuvent freiner l'adoption généralisée de l'achat d'occasion et examine les moyens pour les surmonter.

La Culture de l'Échange et du Partage

La culture de l'échange et du partage devient un élément central de l'économie collaborative. Nous analysons comment des initiatives telles que les groupes d'échange locaux et les bibliothèques d'outils promeuvent une communauté basée sur la confiance et la collaboration.

Perspectives Futures : Une Consommation Plus Consciente

En conclusion, ce chapitre projette des perspectives futures où le marché de l'occasion continue de prospérer, devenant une norme plutôt qu'une exception. La consommation plus consciente, la valorisation des produits déjà existants et la promotion de l'économie collaborative pourraient transformer radicalement la manière dont nous considérons et engageons avec les biens de consommation.

Chapitre 14 : Le Recyclage Créatif dans l'Architecture
- Construire un Avenir Durable

L'architecture évolue vers des pratiques plus durables en adoptant le recyclage créatif. Ce chapitre explore comment le secteur de la construction, historiquement lourd en termes de déchets, intègre désormais des approches novatrices pour réutiliser des matériaux, promouvoir la durabilité et inspirer la créativité architecturale.

Les Défis du Secteur de la Construction

Le secteur de la construction a longtemps été un contributeur majeur aux déchets. Nous examinons les défis environnementaux posés par la production et l'élimination de déchets de construction, incitant ainsi à une remise en question des pratiques conventionnelles.

La Réutilisation des Matériaux de Construction

Le recyclage créatif commence par la réutilisation des matériaux de construction. Ce chapitre explore comment les architectes et les constructeurs adoptent une approche plus consciente en intégrant des matériaux récupérés d'anciens bâtiments, réduisant ainsi l'impact environnemental tout en préservant l'histoire architecturale.

Le Réemploi Architectural

Le réemploi architectural va au-delà de la simple réutilisation des matériaux. Nous analysons comment cette pratique implique la réutilisation de structures entières, allant des entrepôts aux usines désaffectées, pour créer des espaces innovants et uniques.

Les Matériaux Recyclés et Innovants

L'intégration de matériaux recyclés et innovants devient une norme dans la construction durable. Ce chapitre examine comment des matériaux tels que le bois recyclé, les briques fabriquées à partir de déchets de construction et les isolants écologiques repensent les normes architecturales.

Les Projets emblématiques du Recyclage Créatif

Des projets emblématiques démontrent le potentiel du recyclage créatif dans l'architecture. Nous explorons des exemples de bâtiments remarquables construits à partir de matériaux recyclés, mettant en évidence la diversité des approches et des possibilités offertes par cette pratique.

La Conception Bioclimatique

La conception bioclimatique émerge comme une composante clé du recyclage créatif dans l'architecture. Ce chapitre analyse comment l'orientation, la ventilation naturelle et d'autres éléments de conception bioclimatique réduisent la dépendance aux systèmes énergétiques conventionnels, favorisant ainsi la durabilité.

Les Bâtiments Éphémères et Modulaires

Les bâtiments éphémères et modulaires capitalisent sur la flexibilité du recyclage créatif. Nous examinons comment ces structures temporaires, souvent construites à partir de matériaux recyclés, permettent une adaptation rapide aux besoins changeants, tout en minimisant leur empreinte écologique.

Les Avantages Économiques du Recyclage Créatif

Outre ses avantages environnementaux, le recyclage créatif offre des avantages économiques. Ce chapitre explore comment cette pratique peut réduire les coûts de construction, encourager l'innovation et soutenir les industries locales de récupération de matériaux.

Les Défis et Opportunités de l'Adoption Généralisée

Cependant, l'adoption généralisée du recyclage créatif dans l'architecture n'est pas sans défis. Des considérations réglementaires aux perceptions du marché, ce chapitre examine les obstacles potentiels et souligne les opportunités pour surmonter ces défis.

Perspectives Futures : Une Révolution Architecturale

En conclusion, ce chapitre projette des perspectives futures où le recyclage créatif devient une norme dans l'architecture. Avec l'innovation continue, une réglementation favorable et une sensibilisation accrue, le secteur de la construction pourrait conduire une véritable révolution architecturale, favorisant des pratiques plus durables et créatives.

Chapitre 15 : Vers une Consommation Plus Consciente

- Les Habitudes qui Font la Différence

Une transition vers une consommation plus consciente émerge comme une réponse aux défis environnementaux et sociaux. Ce chapitre explore comment les consommateurs, guidés par des principes de durabilité et de responsabilité, modifient leurs habitudes d'achat pour favoriser un impact positif sur la planète et la société.

La Prise de Conscience des Conséquences

Les consommateurs prennent de plus en plus conscience des conséquences de leurs choix d'achat. Nous examinons comment des problématiques telles que la surconsommation, les déchets et les conditions de travail dans la production ont incité les consommateurs à remettre en question leurs comportements et à rechercher des alternatives plus éthiques.

Le Pouvoir de l'Information

L'accès à l'information façonne la consommation consciente. Ce chapitre analyse comment les consommateurs, armés de données sur les pratiques des entreprises, les impacts environnementaux et les options durables, peuvent prendre des décisions plus informées et soutenir des marques alignées sur leurs valeurs.

La Recherche de Transparence

La transparence devient un critère essentiel pour les consommateurs conscients. Nous explorons comment les entreprises répondent à cette exigence en divulguant des informations sur leurs chaînes d'approvisionnement, leurs pratiques durables et leurs engagements sociaux pour gagner la confiance des consommateurs.

Le Développement des Marques Responsables

Les marques responsables gagnent en popularité. Ce chapitre examine comment les entreprises intègrent des pratiques éthiques et durables dans leur modèle commercial pour attirer une clientèle soucieuse de l'impact social et environnemental de leurs achats.

La Consommation Locale et Artisanale

La consommation locale et artisanale devient un choix privilégié pour les consommateurs conscients. Nous analysons comment cette tendance favorise le soutien aux petites entreprises, réduit l'empreinte carbone liée au transport et encourage des pratiques de production plus durables.

La Promotion de la Qualité et de la Durabilité

La qualité et la durabilité prennent le pas sur la quantité. Ce chapitre explore comment les consommateurs valorisent des produits bien fabriqués, durables et réparables, encourageant ainsi une approche de consommation axée sur la longévité plutôt que sur l'obsolescence rapide.

La Location et le Partage

La location et le partage de biens deviennent des alternatives viables à la possession. Nous examinons comment la montée de modèles économiques basés sur la location, tels que la location de vêtements et d'équipements, réduit la demande de nouveaux produits tout en maximisant l'utilisation des ressources existantes.

Les Communautés de Consommateurs Conscients

Des communautés de consommateurs conscients émergent, partageant des informations, des recommandations et des alternatives durables. Ce chapitre analyse comment ces communautés renforcent la sensibilisation et incitent à des changements collectifs dans les habitudes de consommation.

Perspectives Futures : L'Évolution d'un Mode de Vie Conscient

En conclusion, ce chapitre projette des perspectives futures où une consommation plus consciente devient un mode de vie généralisé. Avec une éducation continue, une réglementation favorable et une demande croissante pour des produits et services durables, les consommateurs pourraient jouer un rôle central dans la transformation d'une culture de surconsommation vers une société plus équilibrée et respectueuse de l'environnement.

Chapitre 16 : Les Entreprises à Impact Social

- Créer de la Valeur tout en Ayant un Impact Positif

Les entreprises à impact social émergent comme des acteurs clés dans le paysage économique, combinant réussite commerciale et contribution positive à la société. Ce chapitre explore comment ces entreprises intègrent des objectifs sociaux dans leur modèle commercial, transformant ainsi la manière dont les affaires sont menées.

La Quête d'un Changement Positif

Les entreprises à impact social sont animées par une quête de changement positif. Nous examinons comment ces organisations adoptent une approche holistique, cherchant à résoudre des problèmes sociaux et environnementaux tout en générant des profits.

Les Modèles Économiques à Double Objectif

Les modèles économiques à double objectif définissent les entreprises à impact social. Ce chapitre analyse comment ces entreprises alignent leurs activités commerciales avec des missions sociales, démontrant qu'il est possible de réussir financièrement tout en ayant un impact positif.

La Mesure de l'Impact Social

La mesure de l'impact social devient une priorité. Nous explorons comment les entreprises à impact social développent des indicateurs spécifiques pour évaluer leur contribution aux communautés, à l'égalité sociale et à d'autres objectifs sociaux.

L'Innovation Sociale et Entrepreneuriale

L'innovation sociale et entrepreneuriale caractérise ces entreprises. Ce chapitre examine comment elles développent des solutions novatrices pour aborder des problèmes tels que la pauvreté, l'accès à l'éducation et la durabilité environnementale, démontrant que le profit peut coexister avec l'impact positif.

La Responsabilité Sociale des Entreprises (RSE)

La responsabilité sociale des entreprises (RSE) évolue vers une dimension plus stratégique. Nous analysons comment les entreprises intègrent des pratiques socialement responsables dans leur ADN, allant au-delà de simples initiatives philanthropiques pour influencer tous les aspects de leurs opérations.

Les Partenariats avec des Organisations à But Non Lucratif

Les partenariats avec des organisations à but non lucratif sont fréquents. Ce chapitre explore comment ces collaborations permettent aux entreprises à impact social d'amplifier leur portée, tirant parti de l'expertise des organisations philanthropiques pour atteindre leurs objectifs sociaux.

Les Initiatives d'Inclusion et d'Équité

Les initiatives d'inclusion et d'équité deviennent des piliers de ces entreprises. Nous examinons comment elles favorisent la diversité, l'équité salariale et des conditions de travail justes, contribuant ainsi à la création d'un environnement de travail socialement responsable.

Les Programmes de Formation et d'Éducation

Les programmes de formation et d'éducation sont souvent au cœur de l'impact social. Ce chapitre analyse comment ces entreprises investissent dans des initiatives éducatives, renforçant les compétences et les opportunités pour les individus issus de communautés défavorisées.

Perspectives Futures : Une Économie Davantage Axée sur l'Impact

En conclusion, ce chapitre projette des perspectives futures où les entreprises à impact social deviennent des acteurs dominants dans une économie axée sur l'impact. Avec des consommateurs de plus en plus conscients, des réglementations favorables et une volonté croissante des entreprises de contribuer positivement à la société, ces initiatives pourraient catalyser un changement profond dans le monde des affaires vers un modèle plus durable et socialement responsable

Chapitre 17 : L'Éducation à la Durabilité

- Sensibilisation et Changement de Mentalité

L'éducation à la durabilité émerge comme un impératif, répondant à la nécessité de préparer les générations futures à relever les défis environnementaux et sociaux. Ce chapitre explore comment les systèmes éducatifs intègrent désormais la durabilité dans leurs programmes pour inspirer la conscience écologique et la responsabilité sociale.

La Compréhension des Enjeux Globaux

L'éducation à la durabilité vise à développer une compréhension approfondie des enjeux mondiaux. Nous examinons comment les élèves sont sensibilisés aux défis tels que le changement climatique, la perte de biodiversité et les inégalités sociales, les préparant ainsi à contribuer à des solutions durables.

La Pensée Systémique

La pensée systémique est un élément clé de l'éducation à la durabilité. Ce chapitre analyse comment les programmes éducatifs encouragent les étudiants à comprendre les interconnexions complexes entre les systèmes écologiques, sociaux et économiques, favorisant ainsi une approche holistique des problèmes.

L'Intégration dans les Programmes Scolaires

L'intégration de la durabilité dans les programmes scolaires est en expansion. Nous explorons comment les matières telles que les sciences, les sciences sociales et même les arts incorporent des concepts de durabilité, créant ainsi une éducation transdisciplinaire.

La Pédagogie de Projet

La pédagogie de projet prend de l'ampleur dans l'éducation à la durabilité. Ce chapitre analyse comment les projets concrets, tels que la création de jardins scolaires durables ou la mise en place de programmes de recyclage, offrent aux élèves une expérience pratique de la durabilité.

Les Approches Participatives

Les approches participatives sont privilégiées. Nous examinons comment les élèves sont encouragés à être des acteurs actifs de leur apprentissage, en participant à des initiatives de durabilité au sein de leur école et de leur communauté.

Les Partenariats avec des Organisations Durables

Les partenariats avec des organisations durables enrichissent l'éducation à la durabilité. Ce chapitre explore comment les écoles collaborent avec des ONG, des entreprises durables et des experts du domaine pour offrir des opportunités d'apprentissage enrichissantes et des modèles inspirants.

La Sensibilisation à la Consommation Responsable

La sensibilisation à la consommation responsable est un aspect clé. Nous analysons comment les élèves apprennent à évaluer l'impact de leurs choix de consommation, que ce soit dans le contexte de l'alimentation, de la mode ou de l'utilisation des ressources.

Les Programmes d'Éducation Informelle

Les programmes d'éducation informelle jouent un rôle essentiel. Ce chapitre examine comment les initiatives telles que les camps d'été, les clubs écologiques et les événements communautaires complètent l'éducation formelle, renforçant ainsi les valeurs de durabilité.

Perspectives Futures : Des Citoyens Éclairés et Engagés

En conclusion, ce chapitre projette des perspectives futures où l'éducation à la durabilité devient un moteur de citoyens éclairés et engagés. Avec des objectifs encore plus centrés sur la durabilité, une intégration accrue dans l'éducation formelle et informelle, les générations futures pourraient être mieux préparées à façonner un avenir durable pour la planète

Chapitre 18 : Le Défi Mondial des Plastiques

- Solutions Innovantes

Le défi mondial des plastiques s'intensifie avec l'augmentation spectaculaire de la consommation de plastique. Ce chapitre explore comment la production et l'utilisation massives de plastique posent des défis significatifs pour l'environnement, la santé humaine et la durabilité globale.

La Production et la Consommation Démesurées

La production démesurée de plastique caractérise notre ère moderne. Nous examinons comment les industries utilisent d'énormes quantités de plastique dans la fabrication de produits variés, de l'emballage aux composants électroniques, contribuant ainsi à une surconsommation alarmante.

Les Conséquences Environnementales

Les conséquences environnementales des plastiques sont graves. Ce chapitre analyse comment la pollution plastique des océans, la dégradation des écosystèmes terrestres et la menace pour la faune résultent de la persistance du plastique dans l'environnement, mettant en péril la biodiversité et la santé des écosystèmes.

Les Risques pour la Santé Humaine

Les plastiques présentent des risques pour la santé humaine. Nous explorons comment les produits chimiques contenus dans certains plastiques peuvent migrer dans les aliments, l'eau et l'air, exposant ainsi les humains à des substances potentiellement toxiques et à des problèmes de santé associés.

La Difficulté du Recyclage

La difficulté du recyclage des plastiques est un défi majeur. Ce chapitre analyse comment la complexité des polymères, la contamination des matériaux et l'infrastructure limitée entravent les efforts de recyclage, conduisant à une accumulation de déchets plastiques non traités.

Les Initiatives de Réduction de l'Utilisation du Plastique

Les initiatives de réduction de l'utilisation du plastique gagnent en importance. Nous examinons comment les gouvernements, les entreprises et les consommateurs adoptent des mesures telles que l'interdiction des sacs en plastique, la promotion d'emballages durables et la sensibilisation pour réduire la dépendance au plastique.

La Recherche de Solutions Alternatives

La recherche de solutions alternatives guide les innovateurs. Ce chapitre analyse comment des matériaux biodégradables, des emballages comestibles et d'autres alternatives au plastique conventionnel émergent dans le but de réduire l'impact environnemental de cette matière.

La Responsabilité des Entreprises

La responsabilité des entreprises est mise en question. Nous explorons comment les entreprises sont de plus en plus appelées à adopter des pratiques durables, à réduire leur utilisation de plastique et à investir dans des initiatives de recyclage et de gestion des déchets.

Les Campagnes de Sensibilisation

Les campagnes de sensibilisation jouent un rôle crucial. Ce chapitre analyse comment les organisations environnementales, les médias et les gouvernements utilisent des campagnes pour sensibiliser le public aux impacts négatifs des plastiques et encourager des comportements plus durables.

Perspectives Futures : L'Évolution des Normes et des Technologies

En conclusion, ce chapitre projette des perspectives futures où l'évolution des normes, des réglementations et des technologies pourrait conduire à une gestion plus efficace des plastiques. Avec un accent renouvelé sur la durabilité, l'innovation et une responsabilité collective, il est possible d'atténuer le défi mondial des plastiques et de préserver notre planète pour les générations futures.

Chapitre 19 : Des Poubelles aux Richesses : Une Transformation Sociale

- Impacts Sur la Qualité de Vie

La transformation sociale de "Des Poubelles aux Richesses" réside dans la métamorphose des déchets d'une charge environnementale à une ressource valorisée. Ce chapitre explore comment cette approche évolutive influence les perceptions sociales, les modèles économiques et les comportements individuels.

Le Pouvoir de la Perception

La transformation sociale commence par un changement de perception. Nous examinons comment la valorisation des déchets dépend largement de la façon dont la société les perçoit, passant d'un fardeau inévitable à une opportunité de créer de la valeur.

Les Modèles Économiques Circulaires

Les modèles économiques circulaires sont au cœur de cette transformation. Ce chapitre analyse comment la transition de l'économie linéaire, axée sur la consommation et l'élimination, vers des modèles circulaires, favorise la réutilisation, la réparation et le recyclage, générant ainsi une économie plus durable.

L'Émergence de Nouvelles Industries

L'adoption de pratiques zéro déchet et de valorisation des déchets crée de nouvelles opportunités industrielles. Nous explorons comment l'émergence d'entreprises dédiées à la réutilisation, au recyclage créatif et à la récupération de matériaux transforme le paysage économique et favorise l'innovation.

La Responsabilisation Individuelle

La transformation sociale repose sur la responsabilisation individuelle. Ce chapitre analyse comment les initiatives de valorisation des déchets encouragent les individus à adopter des comportements plus durables, de la réduction de la consommation au tri sélectif, renforçant ainsi la responsabilité personnelle envers l'environnement.

La Promotion de la Créativité

La valorisation des déchets favorise la créativité. Nous examinons comment cette transformation sociale donne lieu à des projets artistiques, à des initiatives communautaires et à des inventions innovantes qui réimaginent la relation entre les déchets et la créativité.

Le Renforcement des Liens Communautaires

Des poubelles aux richesses, cette transformation renforce les liens communautaires. Ce chapitre analyse comment des projets collaboratifs tels que les jardins communautaires, les ateliers de réparation et les initiatives de partage renforcent la cohésion sociale autour de la valorisation des déchets.

La Sensibilisation et l'Éducation

La sensibilisation et l'éducation sont des catalyseurs de la transformation sociale. Nous explorons comment les campagnes de sensibilisation et les programmes éducatifs diffusent la connaissance sur les impacts des déchets, encouragent des choix de vie durables et inspirent des actions positives.

Les Effets sur la Perception de la Consommation

La transformation sociale influence la perception de la consommation. Ce chapitre analyse comment la valorisation des déchets remet en question la culture de la surconsommation, encourageant une approche plus réfléchie de l'achat et favorisant la durabilité.

Perspectives Futures : Une Société Résiliente

En conclusion, ce chapitre projette des perspectives futures où la transformation sociale de "Des Poubelles aux Richesses" contribue à une société plus résiliente. Avec une sensibilisation croissante, des innovations continues et des changements de comportement durables, la valorisation des déchets pourrait devenir une norme, propulsant ainsi une ère où les déchets d'aujourd'hui sont les richesses de demain.

Chapitre 20 : L'Avenir des Déchets : Perspectives et Défis

- Vers une Planète Plus Propre et Plus Riche

L'avenir des déchets est façonné par la complexité croissante des matériaux produits par la société moderne. Ce chapitre explore les perspectives et défis qui émergent alors que nous cherchons à gérer efficacement, réduire et transformer les déchets pour construire un avenir plus durable.

La Gestion Innovante des Déchets

L'avenir des déchets repose sur une gestion innovante. Nous examinons comment les technologies émergentes, telles que l'intelligence artificielle, la robotique et les méthodes avancées de tri, transforment la manière dont nous traitons et recyclons les déchets, rendant les processus plus efficaces.

La Transition vers une Économie Circulaire

L'avenir des déchets est inextricablement lié à la transition vers une économie circulaire. Ce chapitre analyse comment les gouvernements, les entreprises et les individus s'efforcent de réduire la production de déchets, d'encourager la réutilisation et de favoriser le recyclage, créant ainsi un modèle plus durable.

Les Défis de la Pollution Plastique

Les défis de la pollution plastique persistent. Nous explorons comment l'avenir des déchets implique la recherche de solutions pour atténuer la menace continue posée par les plastiques dans les océans, les sols et les écosystèmes, exigeant des efforts mondiaux coordonnés.

Les Opportunités Économiques dans les Déchets

L'avenir des déchets offre des opportunités économiques. Ce chapitre analyse comment la valorisation des déchets devient un moteur de création d'emplois, de développement de nouvelles industries et d'innovation, créant ainsi un potentiel économique dans la gestion des déchets.

La Responsabilisation des Consommateurs

Les consommateurs jouent un rôle crucial dans l'avenir des déchets. Nous examinons comment la responsabilisation individuelle, la sensibilisation et les choix de consommation durables peuvent contribuer à réduire la production de déchets à la source, allégeant ainsi la pression sur les systèmes de gestion des déchets.

Les Défis de la Gestion des Déchets Électroniques

Les défis de la gestion des déchets électroniques émergent. Ce chapitre analyse comment la croissance rapide de la technologie conduit à une augmentation des déchets électroniques, nécessitant des stratégies spécifiques pour gérer de manière responsable ces composants complexes et potentiellement toxiques.

La Transition vers une Culture Zéro Déchet

L'avenir des déchets implique une transition vers une culture zéro déchet. Nous explorons comment des mouvements tels que le zéro déchet gagnent en popularité, encourageant la réduction drastique des déchets à travers des choix de vie durables, des pratiques de recyclage et des modèles économiques alternatifs.

Les Défis de la Gestion des Déchets Alimentaires

Les défis de la gestion des déchets alimentaires persistent. Ce chapitre analyse comment l'avenir des déchets nécessite des approches innovantes pour réduire le gaspillage alimentaire, encourager le compostage et transformer les déchets alimentaires en ressources utiles.

Perspectives Futures : Vers une Gestion Intelligente des Déchets

En conclusion, ce chapitre projette des perspectives futures où l'avenir des déchets repose sur une gestion intelligente, durable et consciente. Avec une combinaison d'innovations technologiques, d'engagement communautaire et de politiques incitatives, il est possible de créer un avenir où les déchets sont considérés comme des opportunités, non pas comme des problèmes insolubles.

CONCLUSION

Une Métamorphose Inspirante de "Des Poubelles aux Richesses"

"Des Poubelles aux Richesses" est bien plus qu'une simple transformation des déchets en ressources ; c'est une métamorphose inspirante qui transcende les limites de notre vision traditionnelle de la gestion des déchets. À travers ce parcours, nous avons exploré comment la perception sociale des déchets évolue, comment de nouveaux modèles économiques émergent et comment les individus sont responsabilisés pour contribuer à une société plus durable.

Cette transformation commence par le changement de perception, passant des déchets considérés comme un fardeau inévitable à une opportunité de créer de la valeur. En transformant notre regard sur ce que nous considérions autrefois comme inutile, nous avons découvert un potentiel insoupçonné dans les déchets, ouvrant la voie à une créativité sans limites.

Les modèles économiques circulaires ont émergé comme des piliers de cette transformation. Ils ont redéfini la manière dont nous produisons, consommons et éliminons. La réutilisation, la réparation et le recyclage ont pris le devant de la scène, faisant écho à une économie plus durable où les déchets ne sont plus des fins, mais des moyens vers de nouvelles opportunités.

Au cœur de cette métamorphose, les individus jouent un rôle central. La responsabilisation personnelle a conduit à des choix de vie plus durables, du tri sélectif à la réduction de la consommation. Les communautés se sont rassemblées autour de l'idée que la valorisation des déchets est un effort collectif, renforçant les liens sociaux et créant une force motrice pour le changement.

"Des Poubelles aux Richesses" n'est pas sans défis. La pollution plastique, la gestion des déchets électroniques et le gaspillage alimentaire persistent en tant que questions cruciales à aborder. Cependant, ces défis sont également des opportunités d'innovation, d'éducation et de collaboration pour façonner un avenir plus résilient.

En conclusion, cette transformation sociale vers la valorisation des déchets sert de phare pour guider notre parcours vers une société plus consciente, durable et créative. Alors que nous envisageons l'avenir, nous sommes appelés à adopter cette métamorphose inspirante, à embrasser le potentiel des déchets et à œuvrer ensemble pour construire une planète où chaque déchet devient une richesse, chaque problème une opportunité, et où l'avenir est façonné par une gestion intelligente et responsable des ressources

www.ingramcontent.com/pod-product-compliance
Lightning Source LLC
Chambersburg PA
CBHW072255310526
45795CB00012B/1639